シリーズ・「変わる！キャリア教育」

3 どうして仕事をしなければならないの？

アクティブ・ラーニングの実例から

長田　徹　監修（文部科学省初等中等教育局児童生徒課生徒指導調査官）
稲葉茂勝　著（子どもジャーナリスト）

ミネルヴァ書房

はじめに

小・中学生が、学校にいかなければならないのは、なぜだと思いますか？　「義務教育だから」という人がいるかもしれません。でも、子どもには、学校にいく義務があるわけではありません。「義務教育」は、子どもに教育を受けさせなければならないという保護者の義務なのです。

日本は、「教育の義務」「勤労の義務」「納税の義務」を、憲法でさだめています（日本国民の三大義務という）。

義務教育については、上に記したように誤解もありますが、それでも、日本人なら、働かなければならないのも、税金を納めなければならないのも、当たり前のこととして受け入れています。

しかし、この3つが憲法に規定されているのは、外国とくらべると異例のことなのです。義務教育と納税の義務は、外国でも、さだめられていることが多いですが、勤労の義務を規定している自由主義の国はめずらしい（社会主義国にはある）。それは、自由主義の体制では、納税の義務が規定されていればそれでじゅうぶん。どのように収入を得るかは、まったく自由でなければならないからです。

「キャリア教育」ということばを聞いたことはありますか？　文部科学省は、キャリア教育について「一人一人の社会的・職業的自立に向け、必要な能力や態度を育てることを通してキャリア発達をうながす教育」とし、「キャリア発達」とは「社会のなかで自分の役割を果たしながら、自分らしい生き方を実現していく過程をキャリア発達という」と説明しています。かんたんにいえば、なぜ学ぶのか、なぜ働くのかなどを小学生は小学生らしく、中学生は中学生らしく考えていくということです。

このための授業が、2003年ころから学校でさかんにおこなわれてきました。はじめのころは、さまざまな仕事がどのようなものか、どうすればその職業につけるかなどを、子どもたちに学習してもらってきました。それに関連する本もたくさん出版されてきました。

ところが、これからは、仕事を知って、職業へのつき方を学ぶだけでなく、将来仕事をする・職業につくために、必要な能力や態度を身につけてもらうことに力を入れて、きみたちに学んでいってもらうことになりました。「変わるキャリア教育」の背景には、こうした事情がありました。

きみたちにとっては、なんのために勉強するの？　大人はなんのために働くの？　といった根本的なことを、学校でしっかり学習していくということになります。

こうしたなか、このシリーズは、文部科学省初等中等教育局の生徒指導調査官をつとめる長田徹先生の指導のもと、きみたちがなにを考え、どんなことを話しあっていったらよいかを、具体的に提供するためにつくった本です。

1 学校にいくのは、なんのため？
読み・書き・計算と学ぶ態度を身につけよう

2 「仕事」と「職業」はどうちがうの？
キャリア教育の現場を見てみよう

3 どうして仕事をしなければならないの？
アクティブ・ラーニングの実例から

シリーズは全3巻で構成してあります。よく読んで、学校や家庭でも、仕事・職業について、どんどん話しあってください。きっと自分らしい生き方を実現していくのに役立ちますよ。

子どもジャーナリスト
Journalist for children　稲葉茂勝

もくじ

はじめに 2
1 大人はなんのために働くの？ 4
2 大人が働かないとどうなるの？ 6
3 大人になること・自立すること 8
4 パラサイト・シングルとニート 10

　もっと考えよう！ 勤労の義務 12
　新しいキャリア教育の授業レポート ❶ チームで学びあい、課題を解決！ 14
　新しいキャリア教育の授業レポート ❷ 上級生と下級生がたがいに学びあう 18
　新しいキャリア教育の授業レポート ❸ 将来の自分のなりたい姿を考える 22
　見てみよう！ 「キャリア教育」を意識して、先生たちも
　　　　　　　　いろいろなくふうをしている！ 26

用語解説 30
さくいん 31

この本の使いかた

「財政破綻」
青字の言葉は用語解説（30ページ）でくわしく解説。

それぞれのテーマと関連のある写真や図を掲載。

本文をよりよく理解するための情報を紹介。

この本を監修してくださった長田徹先生のひとことコメント。

よりくわしい内容や、関連するテーマを紹介。

新しいキャリア教育の授業レポート
新しいキャリア教育の学習方法を取りいれている学校例を紹介。

現場取材で、実際の例を具体的に紹介。

1 大人はなんのために働くの？

日本では、大人になると、働くことが義務づけられています（勤労の義務⇒p12）。
生活していくには仕事をして収入を得なければならないからです。
でも、大人が働くのは、収入を得るためだけなのでしょうか？

世論調査によると……

内閣府が2016年7月におこなった国民生活に関する世論調査では、「働く目的はなにか」という質問に対し、下の図のような答えが出ています。

このように、大人が働く理由は、収入を得ること以外にもいろいろあるのです。

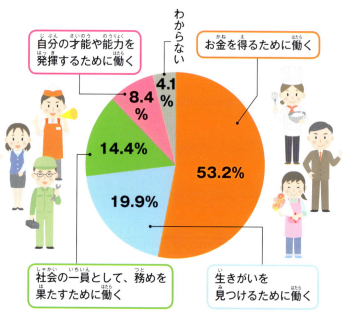

- お金を得るために働く　53.2%
- 生きがいを見つけるために働く　19.9%
- 社会の一員として、務めを果たすために働く　14.4%
- 自分の才能や能力を発揮するために働く　8.4%
- わからない　4.1%

理想的な仕事は？……

また、同じアンケートで、「どのような仕事が理想的か」という質問に対しては、次のような回答がありました（複数回答）。

収入が安定している仕事	60.9%
自分にとって楽しい仕事	57.6%
自分の専門知識や能力がいかせる仕事	39.4%
健康をそこなう心配がない仕事	32.0%
世の中のためになる仕事	28.7%
失業の心配がない仕事	26.8%
高い収入が得られる仕事	17.1%

上の結果は、大人が働くのは、けっしてお金を得ることだけが目的でないことをしめしています。これは、むずかしい仕事に挑戦してやりとげたときの喜びや人に喜んでもらえたときの満足感、社会の役に立つことの充実感など、自分と社会の両方のために働いている人がたくさんいるということです。

1 大人はなんのために働くの？

自己実現

　お金のためだけでなく、自分の思いを実現できるよう働くことを「自己実現」といいます。自分自身にほこりをもちたいと考えている人や人間らしく生きたいと願っている人は、自己実現のために働いているといえます。

　お金をかせいで、ほしいものを買ったり、したいことができたりしたからといって、「ほこり」や「生きがい」は得られません。働くことで、自分の心に充実感が生まれ、より深い意味の自己実現が可能になるといってもいいすぎではないでしょう。

働くことの先にあるもの

　大人が働く理由にはもうひとつあります。ほかの人や世の中の役に立つことに生きがいを感じるということ。こうした考えの延長線上にボランティアを位置づける人がいます。

　ボランティアは、こまっている人や社会のために自分から進んで協力することをいいます。かつては「ボランティア＝奉仕」と考えられていて、めぐまれない人のためにおこなう慈善活動のイメージが強かったのですが、近年では、「自分自身がしたいことを主体的におこなう活動」という意味が加わってきました。いいかえれば、「自分のできることをして自分を向上させること（自己実現）」という考え方に変化してきたのです。しかも、「ボランティア＝無償」ということではなく、収入が得られるボランティアの仕事もふえてきました。

長田先生のワンポイント
大人が働く理由

なんのために働くかは、人によってそれぞれちがうよね。家の人や、近くにいる大人の人に聞いてみてごらん。なにか別の答えがかえってくるかもしれないよ。

働き方も、働く目的も、人によってそれぞれ異なる。

2 大人が働かないとどうなるの？

大人は働いて収入を得ますが、そのお金のすべてをつかえるわけではありません。なぜなら、収入のなかから税金などをはらわなくてはならないからです。

収入と所得

確認するまでもなく、「収入」とは、入ってくるお金のこと。一般の家庭では、仕事をして得たお金は、家計に入ります。「所得」は、収入とほぼ同じ意味でつかわれることばですが、収入からそのお金を得るためにかかった費用（「経費」）を差し引いた残りの金額（「利益」）のことをいいます。

もし、収入を得るのに経費がかからなければ、収入と所得は同じ金額になりますが、経費が多くかかれば、所得はそれだけ少なくなるのです。

●経費がかかる仕事

収入 － 経費 ＝ 所得

もっとくわしく

所得の種類

所得には、働いて得られる所得（やとわれている人が働いて得る「勤労所得」、自営業の人が働いて得る「事業所得」）と、働かなくても得られる所得（「財産所得」）などがある。かしているアパートの家賃が入ってきたり、銀行などにあずけたお金の利子や株などの配当＊が入ってきたりするお金は、働かなくても得られる「財産所得」となる。

＊会社などで、元手のお金を出した人たち（株主）に利益を割り当てること。または割り当てられたお金のこと。

所得のある人には所得税がかかる

日本に住んでいる所得のある人は、所得税という税金をおさめなければなりません。「所得税」とは、個人の1年間の所得金額にかかる税金のことです。

日本の税制度は、支払い能力におうじて税を負担するしくみになっていて、所得の多い人は税金が多くなり、所得が少なければ税金は少なくなります。

国や地方の財源をささえる

納税（税金をおさめること）は、国民の三大義務のひとつです（⇒p12）。国民が働いておさめた税金は、国や地方自治体の財源となります。

働く人がへれば、その分、国や地方自治体に集まる税金も少なくなります。

この理由のひとつとして、仕事をさがしている人の数に対して、企業がもとめる働き手の数が少なく、失業者が増えていることがあげられます。

もっとくわしく
可処分所得

「可処分所得」とは、所得のうち、働いた人が自分の意思でつかうことができるお金のこと。じつは、所得も全部をその人の意思でつかうわけにはいかない。なぜなら国民は、所得税や住民税、社会保険料などをおさめなければならないからだ。そのため、その分のお金は、自分の所得であってもつかえない。

●給料をもらっている人の可処分所得のイメージ

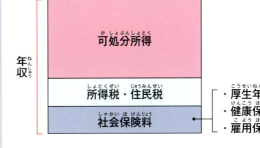

長田先生のワンポイント
税金と社会保険

国は、国民がおさめた税金によって、いろいろなことをおこなっているよ。社会福祉は、税金だけでなく国民からの社会保険料などによってなりたっているんだ。国民は、健康で安全で、また文化的な生活を送るために、国に税金などをおさめなければならないわけだね。大人が税金や社会保険料をおさめないと、国や地方の財源がなくなっていき、みんなの生活をささえる仕事や事業ができなくなってしまう。近年、地方都市の財政状況が悪くなり、「財政破綻」がおきているよ。

義務教育を終えていつ親から自立して働くかは、人それぞれだ。

3 大人になること・自立すること

みんなもいまは、家族のだれかが働いて得たお金で生活しているけれど、大人になったら、親から自立して、自分で働いて収入を得て生活していかなくてはなりません。

自分で収入を得るのはいつ？

大人になってどんな仕事をするのか、どのようにして収入を得るのかは、人によって、その方法、やり方が大きくことなります。

みんなが親から自立する日はまだ先のことかもしれませんが、自分の将来のことを小中学生のうちから少しずつ考えていくことは、とてもたいせつです。

親は、子どもに義務教育を受けさせる義務があると憲法に定められています（⇒1巻p12）。今、みんなが通学している小・中学校は、この義務教育にあたります。

でも、中学を卒業したあと、高校にいくか、専門学校にいくか、働きに出るかは、子ども自身で決めることができます。

卒業後の進路

中学を卒業して働く人は少ないけれど（全体の0.4％ほど）、中卒者として働くこともできます。みんなは、いつ親から自立して働くことになるかはまだわからないかもしれませんが、その日が、そんな遠くない人もいます。

下の図は、高校卒業後、どのような進路を進む人が多いかをしめしたものです。

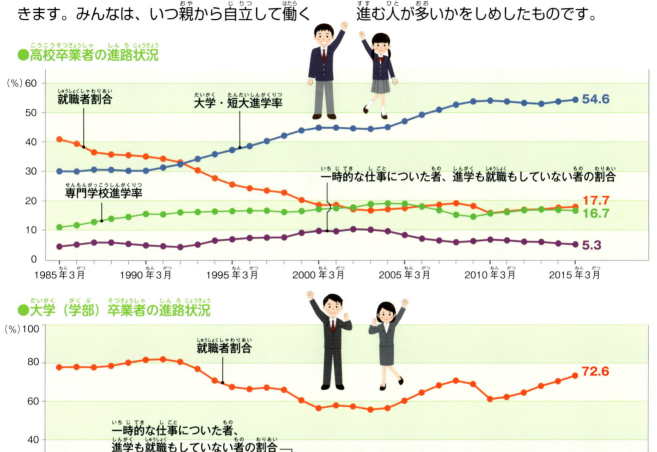

●高校卒業者の進路状況
●大学（学部）卒業者の進路状況

出典：学校基本調査 文部科学省

長田先生のワンポイント

仕事への道はさまざま

みんなが仕事につくための道はいろいろあるよ。いちど仕事についてから学びなおしたり、大学で勉強していた学部とまったくちがう道に進んだり、それまでについていた仕事をやめて別の仕事をはじめたりした人だって、たくさんいるんだ。いちど決めたら、その道をいかなくてはいけないわけではないことも知っておこう。道を選びなおすこともできるんだよ。

4 パラサイト・シングルとニート

学校を卒業して社会人になりながらも親と同居している独身の人のことを「パラサイト・シングル」といいます。「パラサイト」は「人にたよる」で、シングルは「独身」という意味です。
一方、仕事につかず、通学もせず、職業訓練も受けていない状態の人のことを「ニート」といいます。

多様化するパラサイト・シングル

「パラサイト・シングル」とよばれている人たちのなかには、「金銭的負担をはじめとするさまざまな苦労をあじわうことがなく、働いてかせいだお金のほとんどを自分のためにつかえるから、気楽な身分だ」などという人がいます。

しかし、パラサイト・シングルのなかには、アルバイトやパートタイマー、フリーターなどとよばれる「非正規雇用労働者」（⇒もっとくわしく）が多く、正規雇用労働者よりも賃金が低くて待遇も悪く、結婚もできない人たちも多くいます。

もっとくわしく

非正規雇用労働者

非正規雇用労働者の数は、下のグラフを見てもわかるように、1994年以降、現在までゆるやかに増加している。現在では雇用者全体の約4割をしめるほどになる。非正規雇用労働者のなかでも、正社員として働く機会がなく、不本意ながら非正規雇用として働くものを「不本意非正規雇用労働者」といい、その割合は、非正規雇用労働者全体の16.9％（2015年平均）となっている。

●正規雇用と非正規雇用労働者の推移

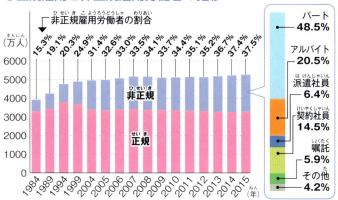

1999年までは総務省「労働力調査（特別調査）」、
2004年以降は総務省「労働力調査（詳細集計）」の資料より厚生労働省作成

4 パラサイト・シングルとニート

2016年10月から、アルバイトやパートタイマーで働いている人でも社会保険（⇒p7）に入れるように「週30時間以上労働」から「週20時間以上労働」などに加入対象者が広がった。ただし、被保険者数が「501人以上」の事業所が対象だ。

「ニート」の意味‥

「ニート」とは、「Not in Employment, Education or Training」という英語の頭文字で、「15歳から34歳の非労働力人口のうち家事も通学もせず、職業訓練も受けていないもの」をさすことばです。

ニートは貧困に苦しむ人が多いですが、なかなかニートからぬけだせないという状況が、社会問題になっています（⇒p13）。

長田先生のワンポイント

親との同居

親と同居をしていても、いずれ親が年をとっていくよ。いつまでも親にたよるわけにはいかないね。そういう人がどんどん増えれば、日本全体が経済的にきびしくなってしまうよ。こうしたなか、子どものうちから働いて役割をはたしたり、お金をかせいで自立したりすることを考える必要が出てきたんだ。そこで登場したのが、新しいキャリア教育だよ。

長田先生のワンポイント

新しいキャリア教育

いま、全国の学校でさかんにおこなわれている新しいキャリア教育のなかでは、「生涯を通じて能動的に学び続ける」という「主体的・対話的で深い学び（アクティブ・ラーニング）」がたいせつなんだ。14ページからは、その方法を取りいれている学校例を具体的に見ていくよ。

勤労の義務

もっと考えよう！

国民の三大義務の第一は、「子どもに教育を受けさせる義務」。第二は、「勤労の義務」。そして第三が「納税の義務」です。日本では、すべての国民が果たさなければならない義務として憲法で定められています。

「国民の三大義務」のひとつ

日本国憲法は国民に働くことを義務づけています。「勤労の義務」は、「納税の義務」とともに働いてお金をかせぎ、税金をおさめなければならないということが定められているのです。

憲法の第27条第1項
すべて国民は、勤労の権利を有し、義務を負ふ

しかし、憲法に定められているからといって、働いていない人が罰せられることはありません。なぜなら、勤労の義務は、国が国民に対して勤労を強制するものではなく、社会国家としての理念をかかげたものだからです。

「勤労の義務」とニート

内閣府では、11ページでも出てきた「ニート」を「若年無業者」と定義し、その実態を調査しています。2012年の調べでは15～34歳の若年無業者は61万7000人、15～34歳の人口にしめる割合は2.3％でした（かれらが就職活動をしない理由や就業を希望しない理由はさまざま⇒右ページ）。

もとより、「勤労の義務」は、一部の人が働くのではなく、働ける人はすべて働いて税金をおさめ、日本を国として成立させていくために定めたものです。

近年、日本では、ニートが増えることで、貧富の差が拡大することが心配されてきましたが、今後さらに、おさめられるべき税金がへっていくことも予想されるため、大きな社会問題となっています。

●若年無業者が求職をしない理由
（職につきたいという思いはあるが、求職はしていない）

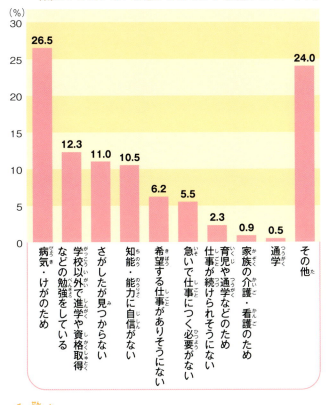

●若年無業者が就職を希望しない理由
（職につくことを望んでいない）

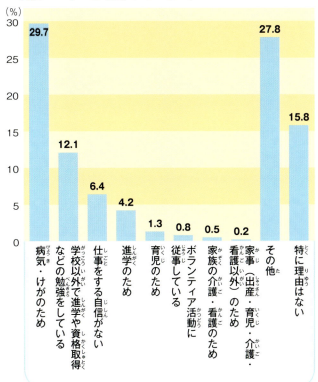

出典：2012年就業構造基本調査／総務省統計局

長田先生のワンポイント
社会的・職業的に自立する

国民は、教育を受けてさまざまな仕事につき、働いて得たお金で生活をしているよ。そして、国民が所得に応じておさめた税金は、国や地方公共団体によって国民や市民のためにつかわれるんだ。働くこと、税金をおさめること、教育を受けさせること、この3つのどれが欠けても、国としてなりたたないという考えだよ。みんなには、社会的・職業的に自立して義務をはたすようになってほしいな。大人のなかには、「税金を取られる」といういい方をする人もいるけれど、「取られる」という表現をすることがよいのかな？右の北欧の例を読んで考えてみよう。

もっとくわしく
税金は取られるもの？

社会福祉の充実していることで知られる北欧の国では、収入の4～6割が税金で引かれていく。しかしこれらの国では、高い税金をおさめるかわりに教育費、医療費、出産費用などが無料で、老後の生活も保障されている。
日本では、教育費も医療費も出産費用も高いため、出産や万が一の病気や事故にそなえて貯金したり生命保険に入ったりする人が多い。北欧の国では、必要な生活費が少なくてすむので、税金が高くても実質的には生活が楽だという。そのため北欧の人は、一般的に税金を「取られる」という考え方をしないといわれている。

新しいキャリア教育の授業レポート1

京都市立洛央小学校

チームで学びあい、課題を解決！

グループみんなの考えや意見を話しあいながら課題を解決するといった活動をしている学校があります。この学校では、これを「チーム学習」とよんでいます。目的は、人間関係形成・社会形成能力をはぐくむことです。

全学年でチーム学習

京都市内の中心部にある京都市立洛央小学校では、全学年が「チーム学習」に力を入れています。課題を設定し、少人数のチームをつくり、チームごとに話しあいをしながら課題を解決していきます。低学年は低学年、中学年は中学年、高学年は高学年らしいチーム学習がおこなわれています。

キャリア教育ではぐくむ力

チーム学習では、課題の解決に加えて下の3つの力をはぐくむことができるといいます。
① 自分の考えや気持ちを伝える
② 友だちの考えや気持ちを受けとめる
③ 目的や役割を理解し、協力して活動する

公開授業を見ていくと、学年が上がるにつれて話しあう内容が深まるのがわかります。

低学年　1年生　みんなの　にこにこ　だいさくせん

課題 自分やほかの人が「にこにこ」するときはどんなときかを考え、「にこにこ」をふやすためにできることを計画を立てて実行する。幼稚園の子どもたちを学校にまねいて、みんなが「にこにこ」になるためには、どんなことをしたらいいのかをチームで考え、うたやダンス、おりがみなどをいっしょにやる。

みんなで「きらきらぼし」を演奏しようとよびかけるチーム。

いっしょに うたを うたいましょう！

てっきん きんちょう するー。

幼稚園の子どもたちと交流する1年生。

低学年　**2年生**　ぐんぐんそだて　わたしのやさい

> もっと元気に育つためのやり方があるのかな？インターネットで調べてみよう。

課題　一人一鉢で夏野菜はミニトマト、冬野菜は小カブを育て、自分の野菜の成長のようすをチームでじまんしあう。友だちの育てた野菜とくらべながら、気づいたこと、今からできることをやってみる。チームごとに分かれて、協力して葉ものの野菜を育てる。

> となりの子のカブのほうが大きい！くやしいな。どうやって育てたのか聞いてみよう。

> みんなの葉っぱの大きさがちがっていた。同じたねから育てたのに、どうしてちがうのかな？

育成学級　**2～6年**　おいしく食べよう！5・6・5・6研究室

課題　4月から夏休みまでにかけては、夏野菜をつくり、最後に収穫した野菜をつかって夏野菜カレーづくり。秋から冬にかけては、冬野菜を育て、オリジナルだしを考えて家の人と料理をつくる。

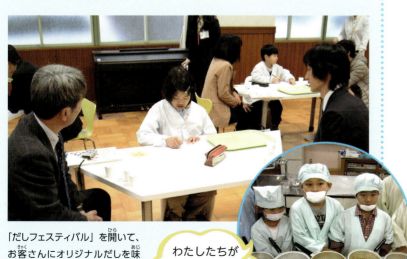

「だしフェスティバル」を開いて、お客さんにオリジナルだしを味わってもらい、意見を聞いた。

> わたしたちがつくった「だし」はおいしいわよ。

長田先生のワンポイント
今と将来はつながっている

自分から進んでやること、なかまと協力して問題を解決するということは、どんな仕事をするのにもたいせつだね。なかまとチームをつくって、プロジェクト（課題）を達成していく力をつけることも必要！　みんなが「にこにこ」するための計画を考えるのも（⇒左ページ）、野菜を育てるのも、プロジェクトを達成していくことだよ。こういうことをやってみるのは、将来、働くようになったときに大きな力となるんだ。

中学年 3年生 ： 洛央の魅力〜伝統のまちからさぐる

課題 自分たちが住むまちの歴史や伝統にふれて、その「よさ」を見つける。チームで考えを交流して、どんな「よさ」をたくさんの人に伝えたいかを話しあい、じっさいにパンフレットやポスターをつくってまちの人にくばる。

> まちの人からのアドバイスを聞いて、こんなこともできるのではないかと考えたんだけど……。

チームでの話しあい。

調べたお店の人に発表。

> ぼくたちは、こんなパンフレットをつくりました。特徴は××××××××です。

中学年 4年生 ： 伝統に生きる

課題 前期では「かがやけ！ 洛央のまち」と題して3年生の学習から引き続いて地域の「よさ」を学び、9月には、地元でいつもおこなわれている手づくり市に参加。後期では、地域の伝統工芸について調べ、自分たちのまちへの思いを深める。

3年生や伝統工芸の職人さん、保護者の人たちを前に、伝統工芸の魅力を伝え、その魅力をどのように未来に受けついでいけばよいのかをチームごとに発表し、みんなから意見を聞いた。

> みんなに伝わったかなぁ……。

> 4年生の発表ってすごいなぁ。ぼくも4年生になったらこんなふうに発表できるかな？

高学年 5年生 : 伝えよう！ 祇園祭

> その提案は、効果がありそうだけど、わたしたちだけでは、できないんじゃない？

課題 地域の人がたいせつにしている祇園祭について、どのような問題があり、なにが必要とされているのかをさぐり、チームごとに、祭りを未来につなぐためにできることを提案する。チームで考えたアイデアに対するほかのチームからのアドバイスをもとに提案を練りなおし、さらによいアイデアに向けて考えていく。

調べたことや聞いたことをまとめてパンフレットをつくり、観光客に配った。

個人で考えた提案を、座標軸を用いた思考ツールをつかってチームごとに意見交流。

> こうすればできるようになるかも。

高学年 6年生 : 水溶液の性質

> こっちのやり方のほうが、お金がかからないみたい。

> でも、それだと時間がかかるから、こうしてみてはどうだろう？

課題 これまでの理科の時間に学習したことをもとに6種類の無色とうめいな水溶液がそれぞれなにかを調べる。チームごとでその手順を考える。そのさいにかかる費用と時間を設定する。できるだけ「安く」「速く」「正確」に調べるという具体的な目標を立てる。とちゅうでほかのチームと交流して経過をくらべあう。最後に全体で結果や考察を交流する。

実験の手順をチームで話しあう。

長田先生のワンポイント

チームで話しあうということ

話しあいというのは、「意見をいいあう場」ではないよ。まして相手をいい負かすのが目的ではないんだ。みんなでいろいろな意見や考えを出しあって、問題を前向きに解決していくためにおこなうんだ。友だちの意見や考えを聞いて、わからないことや聞きたいことがあればその場で質問する。友だちの意見によって、自分の考えを変えることがあってもいいんだよ。

17

新しいキャリア教育の授業レポート 2

世田谷区立尾山台小学校

上級生と下級生がたがいに学びあう

上級生が下級生の世話をする取り組みは、「たて割り班活動」や「異学年交流」などとよばれることがあります。こうした活動は、上級生は過去の自分をふりかえり、下級生は将来の自分を考えることにより、自分の成長に気づくことができるといわれています。

5年生が4年生に体験報告

小学校の高学年になると、教室の外へ出て、宿泊をともなう移動教室があります。

東京の世田谷区立尾山台小学校では、5年生の移動教室の体験をグループで協力してまとめ、4年生に向けて発表するという活動をおこなっています。

移動教室の場所となる群馬県の川場村について調べるところからスタートし、一人ひとり課題をもって川場移動教室で体験。メモや記録をもとに、帰ってから個人の課題を4年生へのプレゼンテーションとしてまとめるという学習がおこなわれています。

事前学習 7時間 川場村について知る

学習内容 川場村についての情報をインターネットで調べたり、移動教室の副読本を読んだりして、自分が調べたいことを見つける。自分が調べたいことをレポートにまとめ、その後、班ごとにそれぞれ役割分担をする。

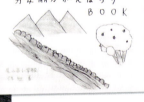

移動教室にいくにあたり、5年生は実行委員会を立ちあげ、川場移動教室のめあてや、しおりをつくった。『男女協力がんばろうBOOK』と名づけられたしおりは、自分たちで移動教室を成功させるためのもの。

体験活動 2泊3日 川場移動教室へいく

学習内容 川場移動教室へ。SL体験や雨乞山登山、村めぐりなどをしながら、川場村への自分の課題についてデジタルカメラで記録をしたり、話を聞いたりする。

歩くペースをあわせることもたいせつなんだね。

雨乞山登山に出発！きびしい道のり、がんばろう！

友だちどうしで応援しあいながら頂上まで登った。

まきがぬれているから、火がつかないのかな。小枝を入れてみる？

飯ごう炊さんでは、なかなか火がつかず、みんなでくふうをした。

事前準備 12時間 プレゼンテーションに向けての活動

学習内容 川場移動教室で体験したことへのメモや記録をもとにして、4年生に伝えたいことを考える。なにをどうやって伝えるか、班ごとに話しあい、準備を進める。

みんなで協力したことも伝えたいね。

クイズにするのもいいよね。

伝えたい活動ごとに班をつくり、内容や発表方法について自由な発想で話しあった。

長田先生のワンポイント 異学年どうしの学びあい

異学年で学びあうことは、下級生にとっては「話をよく聞いて理解すること」、上級生にとっては「話をわかりやすく伝えること」がポイントだよ。これは、どっちの学年にとっても、「はじめて会う子とどのようにかかわるか学ぶ」というのが学習のねらいなんだ。

クラスや学年をこえて異学年どうしで活動することは、将来の仕事でも同じだよね。

リハーサル 3時間　学年で発表しあう

学習内容 4年生に発表する前に、学年で発表しあう。ほかの班の発表を聞き、友だちのよいところをさがしたり、自分たちの課題を見つけたりして、さらによく伝えられるようにくふうする。ほかの班のアドバイスをもとに情報を集めなおしたり、発表の構成を考えなおしたりして、よりよいものにする。

「もっと声を大きくしたほうがよさそうだね。」

「あの班の発表のしかたは参考になったね。」

「クイズの答えといっしょに写真を出すといいかも。」

「頂上はまだかなー。」

「がんばろうぜ！」

高学年らしいプレゼンテーションができるように、意見を出しあった。

登山のようすを短い劇にして発表した班もあった。

●異学年交流「にじいろタイム」

尾山台小学校では、毎週水曜日の20分休みを「にじいろタイム」とよんで、1年生と6年生、2年生と4年生、3年生と5年生とがいっしょになって、校庭や教室で遊んでいます。このパートナー活動は、スポーツテストや運動会といった行事のなかや、交流給食などでもいかされています。

基本は二人一組。学年によっては1対2や1対3で組み、1年間をとおして異学年が交流する。

長田先生のワンポイント　異学年交流での学びとは

異学年交流をつみかさねていくことで、ふだんは気づかない「自分らしさ」を発見したり、自分もいずれ高学年になるんだといった自覚が生まれたりするよ。

発表 1時間　4年生にプレゼンテーション

学習内容　5年生が4年生の前でおこなう発表会（プレゼンテーション）では、一方的に発表するだけでなく、質問を受けたり、感想をきいたりする。

わたしたちの班は、川場村で調べてきたことを発表します。

早く5年生になって、移動教室でいろいろな体験をしてみたいな。

川場村で学んできたことを4年生に発表し、おたがいに学びあうことができた。

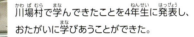

発表を見た4年生がメッセージを書いた。

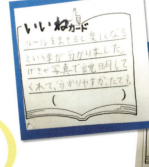

宿舎でのすごし方のポイントを伝えます。時間を守ることや整理整とんがたいせつです。

長田先生のワンポイント

中学生が母校で報告会

　仙台市では、キャリア教育を「自分づくり教育」といっているんだ。ある地域では、中学2年生が5日間の職場体験を終えたあと、同じ学区内にある母校の小学校にいって報告会を開く活動をしているよ。この活動は、「鮭方式」とよばれているんだ。鮭は川で生まれ、海に出て、ふたたび生まれた川に帰ってくるからだね。

　中学生にとっては、後輩の前で、小学生のときから今までの学習や努力をふりかえる場になっているよ。小学生は、上級生への尊敬とあこがれをもち、中学生までの勉強に見通しを立てるんだ。将来、自分も同じようにやるんだという自覚が出てくるみたいだよ。

21

新しいキャリア教育の授業レポート3

京都市立梅小路小学校

将来の自分のなりたい姿を考える

キャリア教育を「生き方探究教育」として進めている京都市では、地域、企業、大学、行政などと協力して、これまでにないキャリア教育に取り組んでいます。学校によって、その取り組み方もさまざまです。

「京都まなびの街生き方探究館」

京都市にある「京都まなびの街生き方探究館」は、もともとは中学校だった校舎（2002年に統合された）を利用したキャリア教育のための体験型学習施設です。市内の小中学生を対象に、「生き方探究教育」の中核をになう「スチューデントシティ学習」や「ファイナンスパーク学習」*、「京都モノづくりの殿堂・工房学習」などの取り組みをおこなっています。

実際のまちで働くことを体験

京都市立梅小路小学校では、「スチューデントシティ学習」を5年生でおこなっています。スチューデントシティは、現実を再現したまち。そこで企業や役所につとめる社員や職員役と消費者役の二役を交互に体験し、教室で学ぶ事前・事後学習とあわせて、社会と自分とのかかわり、経済の仕組み、働くとはなにかなどについて学んでいきます。

事前学習 19時間　働くことについて考える

学習内容　人はなぜ働くのか、社会はどのようにつながっているのか、お金と生活はどう関係しているのか、社会にはどのような職業があるのかなどを教室で学んでいく。最後はやりたい仕事を選び、仕事先や職種を決めるための面接をおこなう。

自分の調べたい仕事について調べる。

あこがれの仕事について、調べたいな。

「働くとはなにか」をチームで話しあい、ピラミッド型のチャートにして整理する。

*「スチューデントシティ」と「ファイナンスパーク」は公益社団法人ジュニア・アチーブメント日本の教育プログラムを活用した学習。

さまざまな立場のゲストティーチャーをむかえ、話を聞いたりインタビューをしたりする。

> どうしてその仕事についたのかを聞いてみよう。

> 自分のがんばりしだいで、いろんな可能性が広がるんだな。

自分が希望した仕事や職種につくための面接をおこなう。きびしい面接官は、担任・校長・副教頭。

> 人とかかわりをもつことがすきなので、接客係の担当になりたいです。

体験学習 6時間　めざす「働き方」について考えを練りあげる

> 準備はそろいましたか？

学習内容　スチューデントシティでは、「社員や職員役」と「消費者役」に分かれて活動をくりかえす。事前に面接を受けて決められた仕事先で仕事をし、働いて得た給料で買い物や納税をする。ほぼ一日、社会人としてすごす。

朝の社内ミーティング。

> 荷物をていねいにあつかわないといけないね。

宅配業で荷物を宅配。

思わず真けんな顔つきに。

出発前にあいさつの練習。

長田先生のワンポイント

キャリア教育に必要なのは、たくさんの大人のささえ

京都市では、「キャリア教育」のことを「生き方探究教育」といっているよ。「京都まなびの街生き方探究館」は、全国にさきがけてつくられた経済の働きや社会のしくみを知る体験学習施設として注目されているんだ。ボランティアや協賛企業、事業所からの応援を受けて、市民みんなでキャリア教育をささえているよ。

「京都まなびの街生き方探究館」内のスチューデントシティ。旧校舎の教室や廊下をつかって実際のまちが再現されている。

ステップアップ学習 3時間　スチューデントシティの学びをもとにもう一度働く

学習内容　「生き方探究チャレンジ学習」として5日間の職場体験をした中学2年生をまねき、そこで学んだことを聞く。中学生の話と、自分たちのスチューデントシティ体験の「ふりかえり」とをくらべ、次にひかえている「一日店長体験学習」で、どのように働きたいかを考えて目標を立てる。

中学生から職場体験談を聞く。

そういう働き方もあるんだね。気がつかなかった。

「どんな働き方をする自分になりたいか」をテーマに、「一日店長体験学習」でのめあてをはっきりとさせていく。

●考えを深める手順（例）

①	個人で考える	店長体験でめざしたい働き方について、付せんに自分の考えをどんどん書く。
②	チームごとにまとまり、意見を出しあってチームの意見をまとめる	チームのなかまが書いた考えをあわせて分類し、それぞれのグループに名前をつける。たとえば「あいさつ」「ことばづかい」「コミュニケーション」など関連するものをグループごとにくくる。班長がまとめ役となって、みんなで意見を出しあって整理する。
③	全体で意見の交流をする	代表者がチームの考えを発表し、全体で意見の交流をする。書かれた考えに対して気づいたことや疑問に感じたことを発表し、あらためてチームで話しあう。
④	個人でまとめる	②③をとおして①で考えたものを見つめなおし、自分がめざす働き方をひとつにしぼりこむ。

体験学習 3時間 商店街で一日店長を体験

学習内容 事前に立てた目標がどれだけ実現できるか、「めあて→実行」→「ふりかえり」→「改善」のサイクルをくりかえすことで、どんな働き方をする自分になりたいか、といった自分の考えを深めていく。

> どうすれば、もっと売れるようになるかなー。

> もっと上手にやるには、どうすればいいですか？

事後学習 7時間 めざす働き方を人に伝える

学習内容 一日店長での活動を「ふりかえり」、将来、どんな働き方をする自分になりたいか、自分のなりたい姿を「マイワークプラン（自分の仕事設計）」にまとめ、友だちどうしで発表しあう。おたがいの発表に対してアドバイスをしあい、よりよい発表になるようにする。保護者やゲストティーチャーをまねいて「マイワークプラン」を発表する。

> 自分がめざす働き方ができるように、いまの自分にできることをがんばりたいです。

長田先生のワンポイント

学校と社会はつながっている

学校で学んだことや、日常生活でがんばっていることにどんな意義があるのか、将来や社会にどうつながるのか、考えることが大事なんだ。

見てみよう！

「キャリア教育」を意識して、先生たちもいろいろなくふうをしている！

14～25ページまで、子どもたちのキャリア教育の活動を紹介しましたが、ここでは先生たちのくふうに焦点をあてて見てみましょう。

①身につけさせたい力をマークで「見える化」

東京都の世田谷区立尾山台小学校（⇒p18）では、キャリア教育を、「なりたい自分になるためにそなえる力をはぐくむこと」と考え、先生たちは、「子どもたちが自分らしい生き方をめざして意欲的に学ぶ姿を目標として」さまざまなくふうをおこなっています。子どもたちに身につけてほしい力をマークであらわすのもそのひとつです。これは、先生が左下の4つのマークのうちどの力を子どもたちに身につけようとしているのかを、目で見て確かめるためのくふうです。

4つの力

①自分のよさに気づく力
自分のよいところやとくいなことがわかる

②人を大切にする力
相手の話をさいごまできくことができる

③思いを伝える力
自分の思いをことばで伝えようとすることができる

④チャレンジする力
どんなことでもやりとげようとすることができる

ろうかの掲示物にもマークをつけて、いつでも子どもたちが意識できるようにしている。

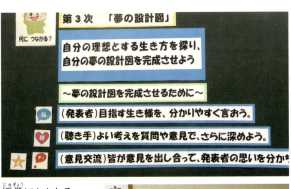

授業にかかわる板書のなかでもマークをつかって、クラス全員で確認しあう。

教室内にはることで、つねに確認しあうことができる。

総合的な学習の時間をつかった6年生の「My dream for the future」の授業。4つの身につけたい力のすべてを活用して、なりたい自分になるための「夢の設計図」をまとめ、自分の考えを伝えることを目標としている。

② 「ふりかえり」を教室でも活用

「キャリアノート」や「ふりかえりカード」などは、子ども自身が体験したことをふりかえって、自らの進歩を確認できるようにしたものです。先生たちが話しあって考案しました。先生たちのなかには、教室内の掲示板をつかって一人ひとりが自分をふりかえりながら成長を確認していけるようなくふうをしている人もいます。

6年生の教室に掲示された一人ひとりの写真。それぞれの5年生のときの写真がはられていて、成長したようすがひと目でわかるようにくふうされている。これも、自分の成長を確認できるようにと先生たちが考えた。

習字の作品にはられている付せんには、自分の書いた字を見て、失敗した点とよかった点をふりかえり、次への課題が書かれている。クラス全員で課題を確かめあい、目標を高めあうことが目的だという。

③社会に出たときに必要な力を意識した学習計画

京都の京都市立梅小路小学校（⇒p22）では、子どもたちが社会に出たときに必要な力（かかわる力＝たがいをみとめてともに学ぶ力、見つめる力＝自分を知り高める力、やりとげる力＝課題を見つけて解決する力、向かう力＝な

りたい自分に向かう力）をはぐくむ学習を「梅っ子学習」と名づけておこなっています。この学習は、道徳や学級活動、児童会や行事の時間などをつかっておこなわれますが、その計画を立てるために先生たちはみんなで何度も話しあっているのです。

●（例）5年生の梅っ子学習

4月	学活	学級・個人の目標を考える
	学活	あいさつのたいせつさ（ともだちの日*1）
5月	道徳	憲法月間のクラスのめあて（ともだちの日）
	児童会	フレンドリー顔合わせ
	行事	運動会
6月	道徳	「うぐいす学級」*2の友だち（ともだちの日）
	児童会	フレンドリー活動*3
7月	学活	性に関する指導（ともだちの日）
	学活	学級・個人の目標のふりかえり
	児童会	フレンドリー活動
8月	行事	フレンドリー活動（草ぬき）
	学活	「5年生つながり隊」
9月	道徳	男女の役割（ともだちの日）
	学活	「5年生つながり隊」
	児童会	フレンドリー活動
10月	道徳	おとなりの国（ともだちの日）
	学活	「5年生つながり隊」
	学活	学級・個人の目標のふりかえり
	児童会	フレンドリー活動
11月	学活	情報モラル（ともだちの日）
	行事	学習発表会
	行事	就学時検診
	児童会	フレンドリー活動
12月	児童会	人権集会「みんななかよし」（ともだちの日）
	学活	学級・個人の目標のふりかえり
	児童会	フレンドリー活動
1月	道徳	みんなちがってみんないい（ともだちの日）
	児童会	フレンドリー活動

2月	学活	性に関する指導（ともだちの日）
	児童会	委員会活動
	児童会	フレンドリー活動
3月	学活	1年間をふりかえって（ともだちの日）
	児童会	6年生を送る会
	児童会	委員会活動
	学活	学級・個人の目標のふりかえり
	行事	卒業式

*1 毎月15日を「ともだちの日」とし、人権について全校でテーマを決めて取りくむ。
*2 育成学級。
*3 1～6年生のたて割りグループ活動。6年生一人ひとりがリーダーとして責任をもって運営する。

学習で活用したプリントやふりかえりを「梅っ子学習ノート」（低学年はファイル）に個人の記録として蓄積し、必要なときにそれを見ることで子どもたちが自分の成長や変化を自覚できるようにしている。

④「考える力」や「表現する力」を特別トレーニング

京都市立洛央小学校（⇒p14）では、週に1回、昼休み後の30分をつかって、全学年で「のびのびトレーニングタイム」という学習がおこなわれています。この名称は、子どもたちの「考える力」や「表現する力」をどんどんきたえたいという先生たちの思いをあらわしています。

「友だちとの考えのちがいを意識して、自分の考えを見つけだし、おたがいの考えを高めあえるような人になってほしい！」そう願う先生たちは、下のようなテーマを出します。子どもたちは、そのテーマにそって自分の考えを書き、チームで話しあいをしてチームごとに発表し、全体交流をしていきます。

- 例：テーマ「『えんぴつ』ってどんなもの？」
 えんぴつを知らない人にえんぴつを説明しよう。
- 例：テーマ「スリッパと上ぐつのちがいは？」
 2つのものをくらべて、同じとちがいを考えよう。
- 例：テーマ「ブックワールド（図書室）でもっと楽しむ方法を提案しよう」
 2・4・6年のたて割りグループで話しあいをして、模型をつかい提案しよう。

異学年が交流することで、それぞれの学年の自覚がうながされる。

⑤掲示物をつかって、意識を高める

教室やろうかの掲示物は、いつでもだれでも見ることができます。先生たちは掲示物をじょうずにつかって、大事なことはなんなのかを子どもたちが意識するようにくふうしています。高いところに掲示物をはりつけるのは、先生にとっても、たいへん！

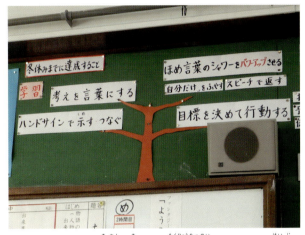
期間を決めて、目標達成をわかるように掲示。

長田先生のワンポイント
キャリア教育で重要なことは

全国の学校の先生たちは、キャリア教育がこれまで以上に重要になっていることを感じていて、それぞれでくふうをこらして授業をしているよ。なかには、キャリア教育の研究会に参加する先生もいるよ。先生も、いろんなところで勉強をしながらがんばっているんだね。きみたちの成長を見ることが、先生たちの喜びだからね。みんなが将来、社会的・職業的に自立して、学校で身につけた力を十分に発揮してほしいと願っているんだ。

用語解説

本文中の覚えておきたい用語を五十音順に解説しています。

キャリアノート ……………… 27

学んだことや自分の成長を記録し、自分を見つめることで将来の夢や目標を見つけて、それをかなえるための計画を立て、それに向かって進んでいく力を育成することをめざしたノート。各自治体で、小学生、中学生、高校生用にノートモデルをつくり、ホームページなどでダウンロードできるようにしている。ノートは、小・中・高校まで12年間つづけて取り組み、自分の成長をふりかえりながら将来について考える学習をおこなうのが目的。

財政破綻 ………………………… 7

財政の収入と支出のバランスがくずれ、資金繰りがなりたたなくなる状態を「財政破綻」という。2007年、北海道の夕張市が財政破綻をしている。国の場合は、国債が返済不能になるなどの状態のこと。高齢化社会が進み、人口がへって働く人たちがへってしまえば、歳出が歳入を大きく上回り、国や自治体の財源はさらにへることになる。

社会保険料 ……………………… 7

病気やけが、失業、出産などによって収入がなくなったときに、生活にこまらないように国や地方公共団体など公の組織が運営する保険からお金を支給する制度のことを社会保険という。社会保険の対象となる人が保険料を出しあって、一定の期間おさめつづけることで、年をとったり、病気やけがをしたりして働けなくなったときなどにお金を受け取ることができるようなしくみになっている。

パートタイマー ……………… 10

正社員の労働時間を「フルタイム」とよぶのに対して、それより短い労働時間のことを「パートタイム」（一部分の時間）とよぶ。パートタイムで働く人を「パートタイマー」という。

非正規雇用 ………………… 10

いわゆる「正規雇用（正社員、正職員など）」以外のやとわれ方をいう。パートタイマー、アルバイト、契約社員（一定の期間に限って雇用契約を結んで働く）、契約職員（臨時に一定の期間に限って雇用契約を結んで働く）、派遣社員（人材派遣会社に登録して、そこからいろいろな会社に派遣されて働く）とよばれる従業員の雇用が非正規雇用となる。

フリーター ………………… 10

フリーターとは、15〜34歳で、男性は卒業者、女性は卒業者で未婚の者のうち、

①雇用者のうち勤め先におけるよびかたが「パート」か「アルバイト」である者

②完全失業者のうちさがしている仕事の形態が「パート」か「アルバイト」である者

③非労働力人口で家事も通学もしていない「その他」の者のうち、就業内定しておらず、希望する仕事の形態が「パート・アルバイト」の者

のことをいう。

世論調査 ……………………… 4

人びとの動向や考え方を明らかにするためにおこなわれる統計的な調査。無作為に選んだ一定数の人から意見を聞いて、統計をまとめる。

さくいん

あ行

アクティブ・ラーニング … 11
アルバイト … 10、11、30
生き方探求教育 … 22
移動教室 … 18、21
インターネット … 15、18、20
インタビュー … 23

か行

会社 … 6、30
家計 … 6
家事 … 11、13、30
可処分所得 … 7
株 … 6
企業 … 7、22、23
義務教育 … 8
キャリア教育 … 11、14、18、21、22、23、26
キャリアノート … 27、30
給料 … 7、23
京都まなびの街生き方探究館 … 22、23
勤労所得 … 6
勤労の義務 … 4、12
経済 … 22
経費 … 6、7
ゲストティーチャー … 23、25
憲法 … 8、12、28
国債 … 30
国民の三大義務 … 7、12

さ行

財源 … 7、30
財産所得 … 6
財政破綻 … 7、30
事業所得 … 6
自己実現 … 5
仕事 … 4、5、6、7、8、9、10、13、15、19、22、23、30
支出 … 30
失業（失業者） … 4、7、30
自分づくり教育 … 21
社会人 … 10、15、23
社会福祉 … 7、13
社会保険料 … 7、30
若年無業者 … 12、13
就職 … 9、13
収入 … 4、5、6、7、8、13、30
住民税 … 7
職業 … 22
職業訓練 … 10、11
職種 … 22、23
職場体験 … 21、24
所得 … 6、7、13
所得税 … 7
スチューデントシティ … 22、23、24
税／税金 … 6、7、12、13
正規雇用（労働者） … 10、30
正社員 … 10、30

た行

チーム学習 … 14
賃金 … 10
伝統工芸 … 16

な行

ニート … 10、11、12
納税 … 7、12、23

は行

パートタイマー … 10、11、30
配当 … 6
パラサイト・シングル … 10
非正規雇用（労働者） … 10、30
貧困 … 11
フリーター … 10、30
プレゼンテーション … 18、19、20、21
プロジェクト（課題） … 14、15、18、19、20、27、28
保護者 … 16、25
ボランティア … 5、13、23

ま行

面接 … 22、23

や行

世論調査 … 4、30

ら行

利益 … 6
利子 … 6

■監修

長田　徹（おさだ　とおる）

宮城県生まれ。石巻市立雄勝中学校社会科教諭、仙台市教育委員会指導主事などを経て、2011年5月から文部科学省。現在、初等中等教育局教育課程教科調査官、同児童生徒課／高校教育改革プロジェクトチーム生徒指導調査官。国立教育政策研究所生徒指導・進路指導研究センター総括研究官、同教育課程研究センター教育課程調査官。自らの中学校教員経験や各種調査結果をまじえ、「学ぶことと働くことをつなげる」キャリア教育や地域連携の重要性を説いている。

■著

稲葉　茂勝（いなば　しげかつ）

東京都生まれ。大阪外国語大学、東京外国語大学卒業。子ども向けの書籍のプロデューサーとして多数の作品を発表。自らの著作は『世界の言葉で「ありがとう」ってどう言うの？』（今人舎）など、国際理解関係を中心に著書・翻訳書の数は80冊以上にのぼる。2016年9月より「子どもジャーナリスト」として、執筆活動を強化しはじめた。

■写真協力（敬称略）

(p14-17、29) 京都市立洛央小学校
(p18-21、26、27) 世田谷区立尾山台小学校
(p22-25、27、28、29) 京都市立梅小路小学校
(p23) 京都まなびの街生き方探究館

■写真提供

（表紙）アフロ
(p11) ©one/Fotolia

■参考資料

「国民生活に関する世論調査ー内閣府」
http://survey.gov-online.go.jp/h28/h28-life/index.html
「学校基本調査ー文部科学省」
http://www.mext.go.jp/b_menu/toukei/chousa01/kihon/kekka/1268046.htm
「正規雇用と非正規雇用労働者の推移ー厚生労働省」
http://www.mhlw.go.jp/file/06-Seisakujouhou-11650000-Shokugyouanteik
　yokuhakenyukiroudoutaisakubu/0000120286.pdf
「平成24年就業構造基本調査ー総務省統計局」
http://www.stat.go.jp/data/shugyou/2012/kekkas.htm
『変わる！　キャリア教育　小・中・高等学校までの一貫した推進のために』
　編／文部科学省国立教育政策研究所生徒指導・進路指導研究センター
　ミネルヴァ書房　2016年

この本の情報は、2017年2月現在のものです。

編集・デザイン　　　こどもくらぶ（二宮　祐子、矢野　瑛子）
企画・制作　　　　　株式会社エヌ・アンド・エス企画

シリーズ・「変わる！ キャリア教育」
③どうして仕事をしなければならないの？
アクティブ・ラーニングの実例から

2017年4月30日　初版第1刷発行　　　〈検印省略〉

定価はカバーに
表示しています

監　修　者　　長　田　　　徹
著　　　者　　稲　葉　茂　勝
発　行　者　　杉　田　啓　三
印　刷　者　　藤　田　良　郎

発行所 株式会社 ミネルヴァ書房
607-8494 京都市山科区日ノ岡堤谷町1
電話 075-581-5191／振替 01020-0-8076

©稲葉茂勝, 2017　印刷・製本　瞬報社写真印刷株式会社

ISBN978-4-623-08024-3
NDC375/32P/27cm
Printed in Japan

シリーズ・「変わる！ キャリア教育」

長田 徹 監修
（文部科学省初等中等教育局児童生徒課生徒指導調査官）

稲葉茂勝 著（子どもジャーナリスト）

27cm　32ページ　NDC375
オールカラー　小学校中学年〜

1 学校にいくのは、なんのため？
読み・書き・計算と学ぶ態度を身につけよう

2 「仕事」と「職業」はどうちがうの？
キャリア教育の現場を見てみよう

3 どうして仕事をしなければならないの？
アクティブ・ラーニングの実例から

大人の方へ　あわせて読んでください！

変わる！ キャリア教育　小・中・高等学校までの一貫した推進のために
文部科学省 国立教育政策研究所生徒指導・進路指導研究センター 編
A4・96ページ　本体 1,200 円 + 税

学習指導要領改訂の過程において、キャリア教育が一層重要視されている。本書は、国立教育政策研究所生徒指導・進路指導研究センターによる七年に一度の大規模調査「キャリア教育・進路指導に関する総合的実態調査」の調査結果の概要と、調査結果に基づいて作成した各パンフレットの内容をまとめたものである。キャリア教育を実践するためのポイントや取組例が盛り込まれた、小学校から高校まですべての教員必携の一冊。